Impressum
Verlag: BABADADA GmbH, Nedderfeld 112 , 22529 Hamburg
Geschäftsführer / Verlagsleitung: Harald Hof
Druck: Books on Demand GmbH, In de Tarpen 42, 22848 Norderstedt

Imprint
Publisher: BABADADA GmbH, Nedderfeld 112 , 22529 Hamburg, Germany
Managing Director / Publishing direction: Harald Hof
Print: Books on Demand GmbH, In de Tarpen 42, 22848 Norderstedt, Germany

1

სკოლა
məktəb

საკლასო ოთახი
sinif otağı
გაყოფა
bölmək
186/2
დაფა
yazı taxtası
სკოლის ეზო
məktəb həyəti
მასწავლებელი
müəllim
ქაღალდი
kağız
წერა
yazmaq
კალამი
qələm
მაგიდა
iş masası
სახაზავი
xətkeş
წიგნი
kitab
მოსწავლე
şagird

ზურგჩანთა
məktəbli çantası

პენალი
karandaş qabı

ფანქარი
karandaş

ფანქრების სათლელი
karandaş yonan

საშლელი
pozan

ნახატების ალბომი
rəsm albomu

ნახატი

rəsm

ფუნჯი

boya fırçası

საღებავის ყუთი

boya qutusu

მაკრატელი

qayçı

წებო

yapışdırıcı

სავარჯიშო რვეული

dəftər

საშინაო დავალება

ev tapşırığı

ნომერი

say

დამატება

əlavə etmək

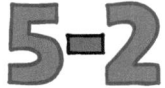

გამოკლება

çıxmaq

გამრავლება

vurmaq

გამოთვლა

hesablamaq

A

წერილი

hərf

ABCDEFG
HIJKLMN
OPQRSTU
VWXYZ

ანბანი

əlifba

hello

სიტყვა

söz

ტექსტი

mətn

წაკითხვა

oxumaq

ცარცი

tabaşir

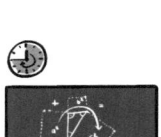

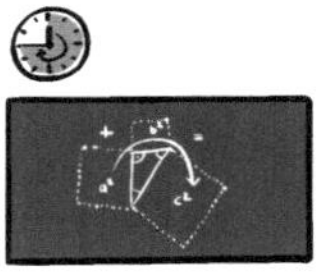

გაკვეთილი

dərs

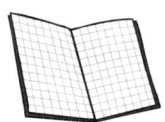

რეგისტრაცია

sinif jurnalı

გამოცდა

imtahan

სერტიფიკატი

təhsil haqqında sənəd

სკოლის ფორმა

məktəb uniforması

განათლება

təhsil

ენციკლოპედია

ensiklopediya

უნივერსიტეტი

universitet

მიკროსკოპი

mikroskop

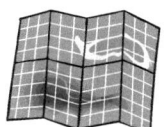

რუქა

xəritə

კალათა ნარჩენი
ქაღალდებისათვის

zibil qutusu

სასტუმრო
mehmanxana
ჰოსტელი
yataqxana
ალუტის გადაცვლის პუნქტი
alyuta mübadiləsi məntəqəsi
ჩემოდანი
çamadan
მანქანა
avtomobil

ენა
dil

კი / არა
bəli/xeyr

კარგი
oldu

გამარჯობა
salam

მთარგმნელი
tərcüməçi

გმადლობთ
Təşəkkür edirəm

რა ღირს… ?

giyməti nə qədərdir ...?

ვერ გავიგე

mən başa düşmürəm

პრობლემა

problem

აღამო მშვიდობისა!

Axşamınız xeyir!

დილა მშვიდობისა!

Sabahınız xeyir!

ღამე მშვიდობისა!

Gecəniz xeyrə galsin!

ნახვამდის

hələlik

მიმართულება

istiqamət

ბარგი

baqaj

ჩანთა

torba

ზურგჩანთა

kürək çantası

სტუმარი

qonaq

ოთახი

otaq

საძილე ტომარა

yataq-çuval

კარავი

çadır

ურისტული ინფორმაცია

turistlər üçün məlumat

სანაპირო

çimərlik

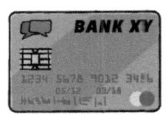

საკრედიტო ბარათი

kredit kartı

საუზმე

səhər yeməyi

ლანჩი

günorta yeməyi

ვახშამი

nahar yeməyi

ბილეთი

bilet

ლიფტი

lift

საფოსტო მარკა

poçt markası

საზღვარი

sərhəd

საბაჟო

gömrük

საელჩო

səfirlik

ვიზა

viza

პასპორტი

pasport

ტრანსპორტი
nəqliyyat

თვითმფრინავი
təyyarə
გემი
gəmi
სახანძრო მანქანა
yanğınsöndürmə maşını
ავტობუსი
avtobus
სატვირთო მანქანა
tir/yük maşını
მოტორიზებული ნავი
motorlu qayıq
ველოსიპედი
velosiped
მანქანა
avtomobil

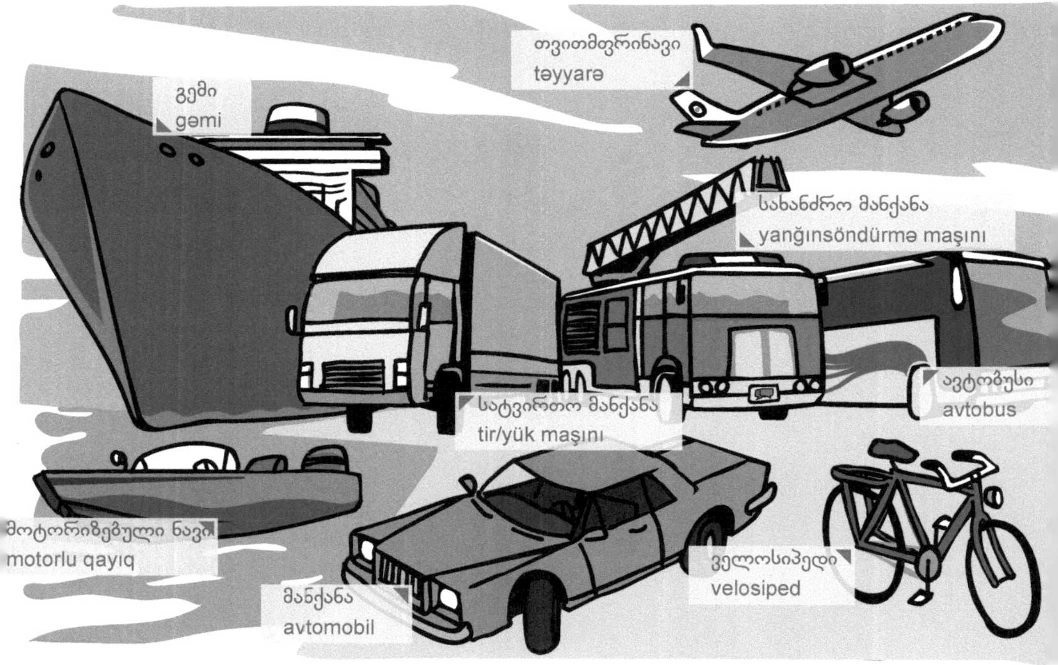

ბორანი

bərə

ნავი

qayıq

მოტოციკლი

motosiklet

პოლიციის მანქანა

polis avtomobili

სარბოლო მანქანა

yarış avtomobili

დაქირავებული მანქანა

icarə avtomobili

მანქანის ერთობლივი მოხმარება
avtomobil icarəsi

საბუქსირე მანქანა
texniki yardım maşını

ნაგვის მანქანა
zibil maşını

ძრავა
mühərrik

საწვავი
yanacaq

ბენზინგასამართი სადგური
benzin doldurma məntəqəsi

საგზაო ნიშანი
yol nişanı

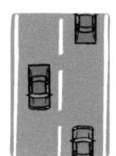

მოძრაობა
yol hərəkəti

საცობი
tıxac

მანქანის სადგომი
avtomobil dayanacağı

მატარებლის სადგური
dəmir yolu stansiyası

ლიანდაგები
dəmiryol

მატარებელი
qatar

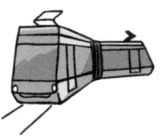

ტრამვაი
tramvay

ვაგონი
vaqon

ვერტმფრენი

helikopter

აეროპორტი

hava limanı

კოშკი

qüllə

მგზავრი

sərnişin

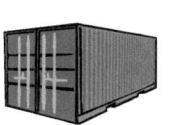

კონტეინერი

konteyner

მუყაოს ყუთი

karton qutu

ურიკა

əl arabası

კალათა

səbət

აფრენა / დაშვება

qalxmaq / enmək

ქალაქი

şəhər

სოფელი

kənd

ქალაქის ცენტრი

şəhər mərkəzi

სახლი

ev

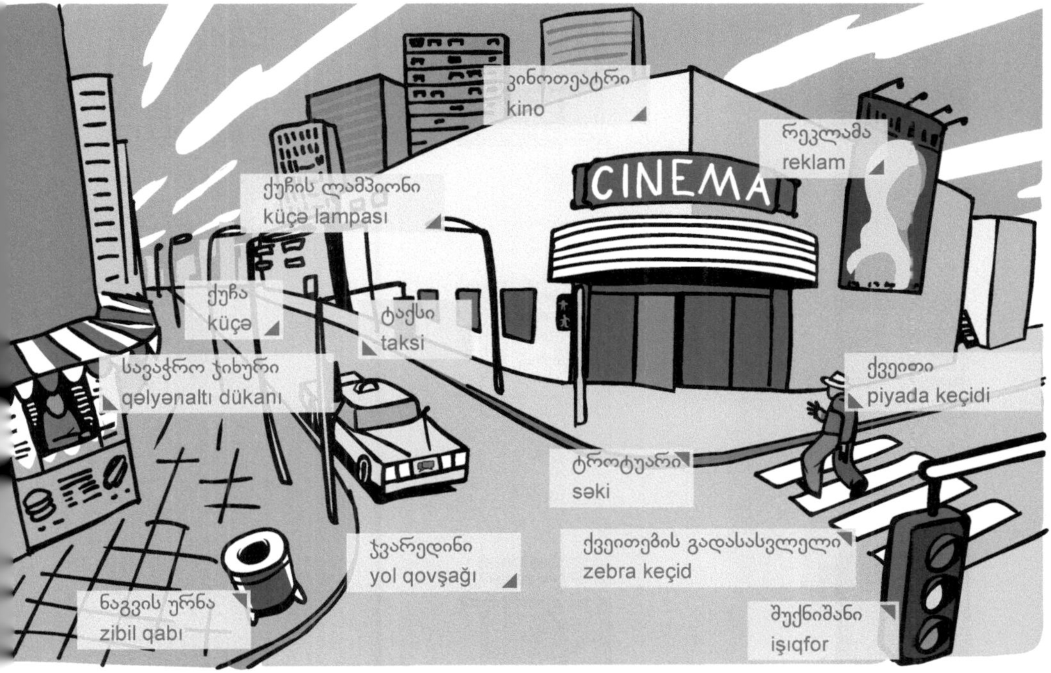
კინოთეატრი
kino
რეკლამა
reklam
CINEMA
ქუჩის ლამპიონი
küçə lampası
ქუჩა
küçə
ტაქსი
taksi
სავაჭრო ჯიხური
qəlyənaltı dükanı
ქვეითი
piyada keçidi
ტროტუარი
səki
ჯვარედინი
yol qovşağı
ქვეითების გადასასვლელი
zebra keçid
ნაგვის ურნა
zibil qabı
შუქნიშანი
işıqfor

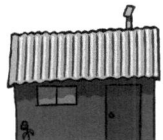

ქოხი

daxma

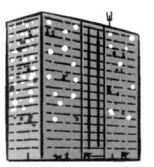

ბინა

mənzil

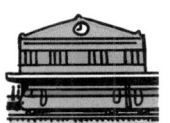

მატარებლის სადგური

dəmir yolu stansiyası

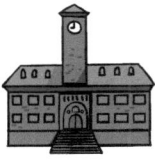

მუნიციპალიტეტი

bələdiyyə binası

MUSEUM

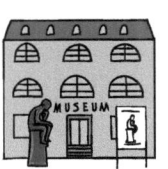

მუზეუმი

muzey

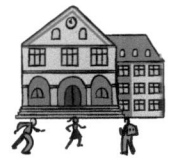

სკოლა

məktəb

უნივერსიტეტი

universitet

ბანკი

bank

საავადმყოფო

xəstəxana

სასტუმრო

mehmanxana

აფთიაქი

aptek

ოფისი

ofis

წიგნების მაღაზია

kitab dükkanı

მაღაზია

dükan

ფლორისტი

çiçək dükanı

სუპერმარკეტი

supermarket

ბაზარი

bazar

მაღაზიის განყოფილება

univermaq

თევზის გამყიდველი

balıq satıcısı

სავაჭრო ცენტრი

ticarət mərkəzi

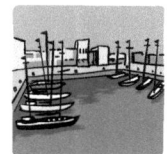

ნავსადგომი

liman

პარკი
park

გრძელი სკამი
oturacaq

ხიდი
körpü

კიბეები
pilləkən

მიწისქვეშა გადასასვლელი
metro

გვირაბი
tunel

ავტობუსის გაჩერება
avtobus dayanacağı

ბარი
bar

რესტორანი
restoran

საფოსტო ყუთი
poçt qutusu

ქუჩის ნიშანი
küçə nişanı

პარკინგის საზომი
parkinq sayğacı

ზოოპარკი
zoopark

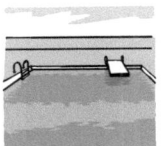

საცურაო აუზი
üzgüçülük hovuzu

მეჩეთი
məscid

ფერმა
ferma

გარემოს დაბინძურება
ətraf mühitin çirklənməsi

სასაფლაო
məzarlıq

ეკლესია
kilsə

საბავშვო მოედანი
oyun meydançası

ტაძარი
məbəd

ლანდშაფტი
mənzərə

ფოთოლი
yarpaq

გზის მანიშნებელი ნიშანი
yol nişanı

გზა
yol

მდელო
çəmən

ქვა
daş

მოგზაური
piyada səyyah

ხე
ağac

მდინარე
çay

ბალახი
ot

ყვავილი
gül

ხეობა

vadi

გორაკი

təpə

ტბა

göl

ტყე

meşə

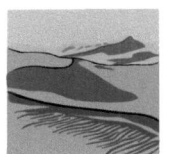

უდაბნო

səhra

ვულკანი

vulkan

ციხე

qəsr

ცისარტყელა

göy qurşağı

სოკო

göbələk

პალმა

palma

კოღო

ağcaqanad

ბუზი

milçək

ჭიანჭველა

qarışqa

ფუტკარი

arı

ობობა

hörümçək

ხოჭო
böcək

ბაყაყი
qurbağa

ციყვი
dələ

ზღარბი
kirpi

კურდღელი
dovşan

ბუ
bayquş

ფრინველი
quş

გედი
qu quşu

ტახი
qaban

ირემი
maral

ცხენ-ირემი
sığın

კაშხალი
su bəndi

ქარის ტურბინა
külək turbini

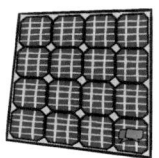

მზის ბატარეა
günəş batareyası

კლიმატი
iqlim

რესტორანი

restoran

მიმტანი
ofisiant
მენიუ
menyu
სკამი
kreslo
şorba
პიცა
pizza
დანა-ჩანგალი
bıçaq, çəngəl, qaşıq
მაგიდაზე გადასაფარებელი
süfrə

საუზმე

məzə

მთავარი კერძი

əsas yemək

დესერტი

desert

დასალევი

içkilər

საჭმელი

yemək

ბოთლი

şüşə

სწრაფი კვება

fast food

ქუჩის საჭმელი

küçə yeməkləri

ჩაიდანი

çaynik

საშაქრე

qəndqabı

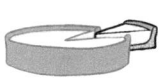

პორცია

pay

ესპრესოს მანქანა

espresso maşını

მაღალი სკამი

hündür uşaq kreslosu

ანგარიში

faktura

ლანგარი

nimçə

დანა

bıçaq

ჩანგალი

çəngəl

კოვზი

qaşıq

ჩაის კოვზი

çay qaşığı

ხელსახოცი

salfet

ჭიქა

şüşə

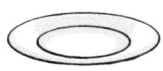

თეფში
boşqab

სუპის თეფში
şorba boşqabı

ჩაის ლამბაქი
nəlbəki

საწებელი
sous

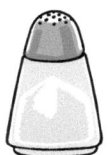

სამარილე
duz qabı

წიწაკის საფქვავი
bibərüyüdən

ძმარი
sirkə

ზეთი
duru yağ

სანელებლები
ədviyyat

კეტჩუპი
ketçup

მდოგვი
xardal

მაიონეზი
mayonez

სუპერმარკეტი

supermarket

სპეციალური შეთავაზება
xüsusi təklif
FOR
მომხმარებელი
müştəri
რძის ნაწარმი
süd məhsulları
ხილი
meyvə
ურიკა
alış-veriş arabası

საყასბო

qəssab dükanı

საცხობი

çörəkçi

აწონვა

çəkmək

ბოსტნეული

tərəvəz

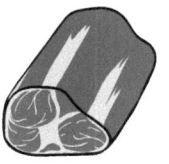

ხორცი

ət

გაყინული საკვები

dondurulmuş qida

გრილი ხორცი

soyuq ət yeməyi

კონსერვები

konservləşdirilmiş qida

სარეცხი ფხვნილი

yuyucu toz

ტკბილეული

şirniyyat

საყოფაცხოვრებო პროდუქტები

təsərrüfat malları

სარეცხი საშუალებები

yuyucu vasitələr

გამყიდველი

satıcı

სალარო

kassa

მოლარე

kassir

საყიდლების სია

alış-veriş siyahısı

მუშაობის საათები

iş saatları

პორტმანი

pul kisəsi

საკრედიტო ბარათი

kredit kartı

ჩანთა

torba

პლასტიკური პარკი

plastik torba

დასალევი
içkilər

წყალი
su

წვენი
şirə

რძე
süd

კოკა-კოლა
cola

ღვინო
şərab

ლუდი
pivə

ალკოჰოლი
alkoqollu içkilər

კაკაო
kakao

ჩაი
çay

ყავა
qəhvə

ესპრესო
espresso

კაპუჩინო
kapuçino

საჭმელი
yemək

ბანანი

banan

ვაშლი

alma

ფორთოხალი

portağal

საზამთრო

yemiş

ლიმონი

limon

სტაფილო

yerkökü

ნიორი

sarımsaq

ბამბუკი

bambuq

ხახვი

soğan

სოკო

göbələk

კაკალი

qoz-fındıq

ატრია

əriştə

სპაგეტი

spagetti

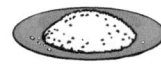

ბრინჯი

düyü

სალათი

salat

ჩიპსები

cips

შემწვარი კარტოფილი

qızardılmış kartof

პიცა

pizza

ჰამბურგერი

hamburger

სენდვიჩი

sandviç

კოტლეტი

eskalop

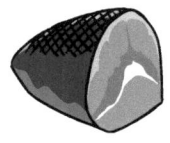

ლორი

hisə verilmiş donuz əti

სალიამი

salyami

ძეხვი

kolbasa

წიწილა

toyuq

შემწვარი ხორცი

qızardılmış ət tikəsi

თევზი

balıq

შვრიის ფაფა

yulaf yarması

მუსლი

müsli

სიმინდის ფანტელები

partlaq qarğıdalı

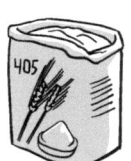

ფქვილი

un

კრუასანი

kruassan

ბულკი

bulka

პური

çörək

ტოსტი

tost

ნამცხვრები

peçenye

კარაქი

kərə yağı

ხაჭო

kəsmik

ტორტი

tort

კვერცხი

yumurta

ერბო-კვერცხი

qayğanaq

ყველი

pendir

საჭმელი - yemək

ნაყინი

dondurma

შაქარი

şəkər

თაფლი

bal

ჯემი

mürəbbə

შოკოლადის კრემი

şokolad pastası

კარი

köri

ფერმა
ferma

სოფლის სახლი
kəndli ev
ჩალის შეკვრა
saman dəsti
anbar
ყანა
sahə
ცხენი
at
მისაბმელი
qoşqu
კვიცი
dayça
ტრაქტორი
traktor
ვირი
eşşək
ცხვარი
qoyun
ცხვარი
quzu

თხა

keçi

ძროხა

inək

ხბო

dana

ღორი

donuz

გოჭი

donuz balası

ხარი

öküz

ბატი

qaz

იხვი

ördək

წიწილა

cücə

ქათამი

toyuq

მამალი

xoruz

ვირთხა

siçovul

კატა

pişik

თაგვი

siçan

ხარი

öküz

ძაღლი

it

საძაღლე

itdamı

ბაღის შლანგი

bağ şlanqı

საბაღე წურწურა

susəpən

ცელი

dəryaz

გუთანი

kotan

ნამგალი

oraq

თოხი

kətman

პატივის სახვეტი ჩანგალი

yaba

ცული

balta

მაზიდი

əl arabası

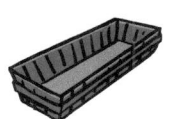

გობი

çalov

რძის ბიდონი

süd bidonu

ტომარა

çuval

ღობე

çəpər

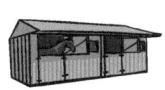

ბოსელი

tövlə

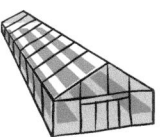

სათბური

istixana

ნიადაგი

torpaq

თესლი

toxum

სასუქი

gübrə

მოსავლის ამღები კომბაინი

taxılbiçən kombayn

მოსავლის აღება

mәhsul yığmaq

მოსავალი

mәhsul yığımı

იამი

yam

ხორბალი

buğda

სოიო

soya

კარტოფილი

kartof

სიმინდი

dәn

სარეველას თესლი

raps

ხეხილი

meyvә ağacı

მანიოკი

maniok

მარცვლეული

yarma

სახლი

ev

ბუხარი
baca
სახურავი
dam
წყალსადინარი მილი
drenaj borusu
ფანჯარა
pəncərə
ავტოფარეხი
qaraj
კარის ზარი
qapı zəngi
კარი
qapı
ნაგვის ყუთი
zibil vedrəsi
საფოსტო ყუთი
poçt qutusu
ბაღი
bağ

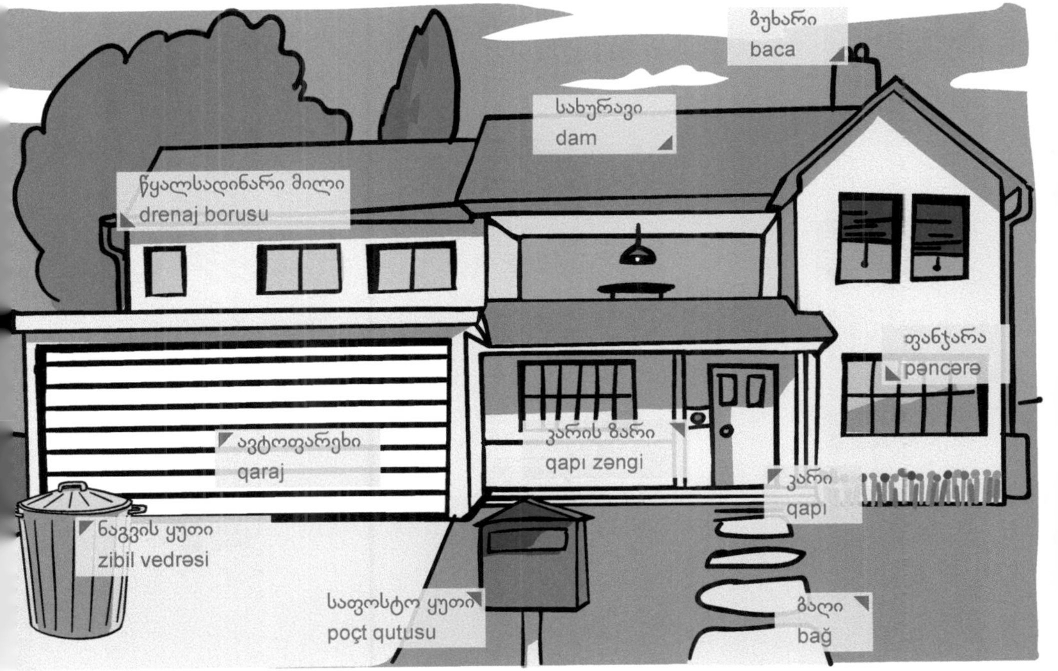

მისაღები ოთახი

qonaq otağı

აბაზანა

hamam otağı

სამზარეულო

mətbəx

საძინებელი

yataq otağı

საბავშვო ოთახი

uşaq otaqı

სასადილო ოთააი

yemək otağı

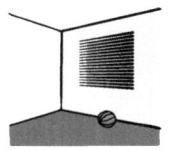

სართული
döşəmə

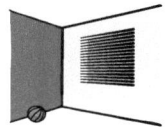

კედელი
divar

ჭერი
tavan

სარდაფი
zirzəmi

საუნა
sauna

აივანი
balkon

ტერასა
terras

აუზი
üzgüçülük hovuzu

გაზონის საკრეჭი
otbiçən maşın

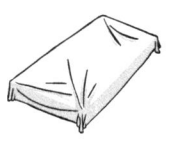

საბნის კონვერტი
mələfə

საწოლი
yataq örtüyü

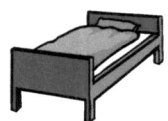

ლოგინი
yataq

ცოცხი
süpürgə

სათლი
vedrə

გადამრთველი
elektrik açarı

მისაღები ოთახი

qonaq otağı

შპალერი
divar kağızı
ნახატი
şəkil
ნათურა
lampa
თარო
rəf
კარადა
şkaf
ტელევიზორი
televiziya
ბუხარი
buxarı
ყვავილი
gül
ბალიში
yastıq
დივანი
divan
ვაზა
vaza
დისტანციური მართვა
uzaqdan idarəetmə

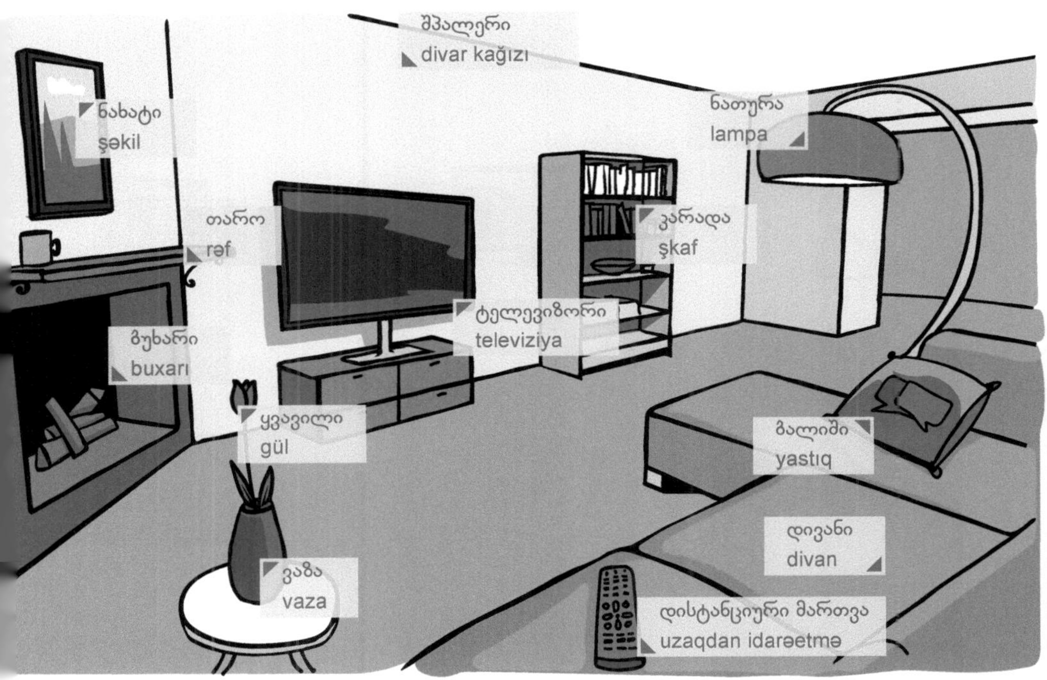

ხალიჩა

xalça

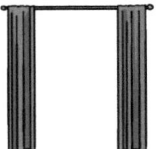

ფარდა

pərdə

მაგიდა

masa

სკამი

kreslo

სარწეველა სკამი

yırğalanan stul

სავარძელი

kreslo

წიგნი

kitab

საბანი

yorğan

დეკორაცია

bəzək

შეშა

odun

ფილმი

film

hi-fi მოწყობილობები

stereo səs sistemi

გასაღები

açar

გაზეთი

qəzet

ფერწერა

rəsm əsəri

პლაკატი

plakat

რადიო

radio

ბლოკნოტი

bloknot

მტვერსასრუტი

tozsoran

კაქტუსი

kaktus

სანთელი

şam

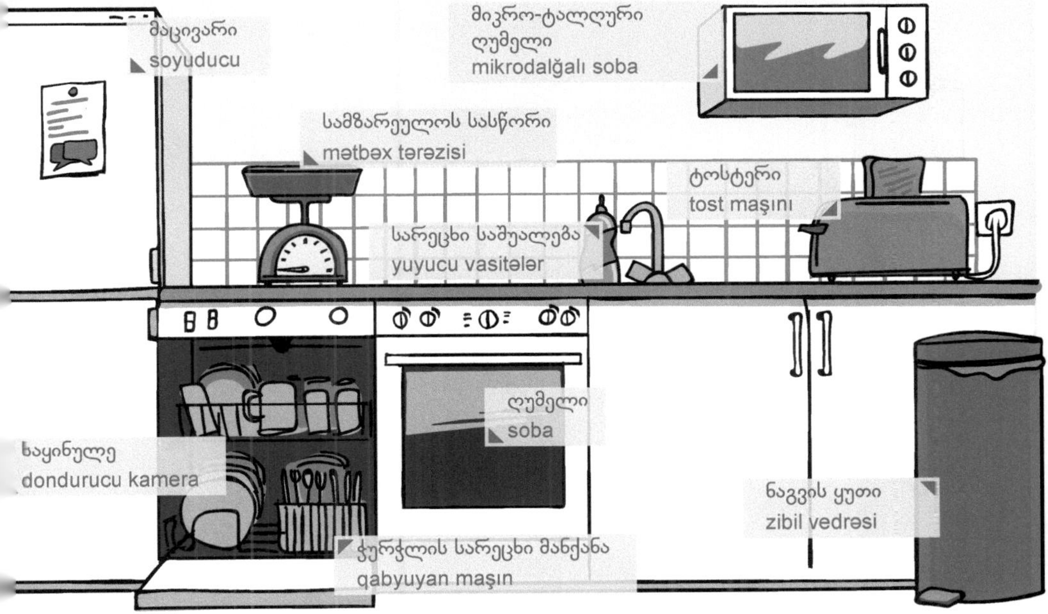

მაცივარი
soyuducu
მიკრო-ტალღური ღუმელი
mikrodalğalı soba
სამზარეულოს სასწორი
mətbəx tərəzisi
ტოსტერი
tost maşını
სარეცხი საშუალება
yuyucu vasitələr
ღუმელი
soba
dondurucu kamera
ნაგვის ყუთი
zibil vedrəsi
ჭურჭლის სარეცხი მანქანა
qabyuyan maşın

გაზქურა

soba

ქოთანი

qazan

თუჯის ქვაბი

çuqun qazar

ტაფა ამობერილი ფსკერით

vok / kadai

ტაფა

tava

ჩაიდანი

çaydan

სამზარეულო - mətbəx 35

ორთქლსახარში

buxar qazanı

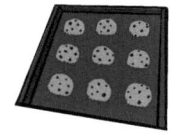

საცხობი ლანგარი

sac

ჭურჭელი

qab

კათხა

fincan

თასი

ləyən

ჩინური ჩხირები

yemək üçün çubuqlar

ჩამჩა

çömçə

ფითხი

spatula

სათქვეფელა

çırpıcı

საწური

süzgəc

საცერი

ələk

სახეხი

sürtgəc

სანაყი

həvəngdəstə

გრილი

barbekyu

კოცონი

ocaq

დაფა
doğrama taxtası

საგორავი
oxlov

ბურღი
probkaçıxaran

ქილა
banka

ქილის გასახსნელი
bankaağzıaçan

ქოთნის დამჭერი
qabtutan

ნიჟარა
əl üz yuyan

ფუნჯი
fırça

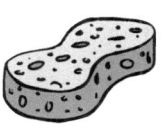

ღრუბელი
süngər

ბლენდერი
blender

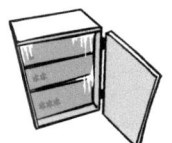

საყინულე კამერა
dondurucu

საბავშვო ბოთლი
körpə şüşəsi

ონკანი
kran

აბაზანა

hamam otağı

გათბობა
qızdırıcı
შხაპი
duş
პირსახოცი
dəsmal
საშხაპე ფარდა
duş pərdəsi
ღრუბლიანი აბანო
köpüklü vanna
ვანა
hamam vannası
şüşə
სარეცხი მანქანა
paltaryuyan maşın
ონკანი
kran
ფილები
kafel
ღამის ქოთანი
güvəc
ნიჟარა
əl üz yuyan

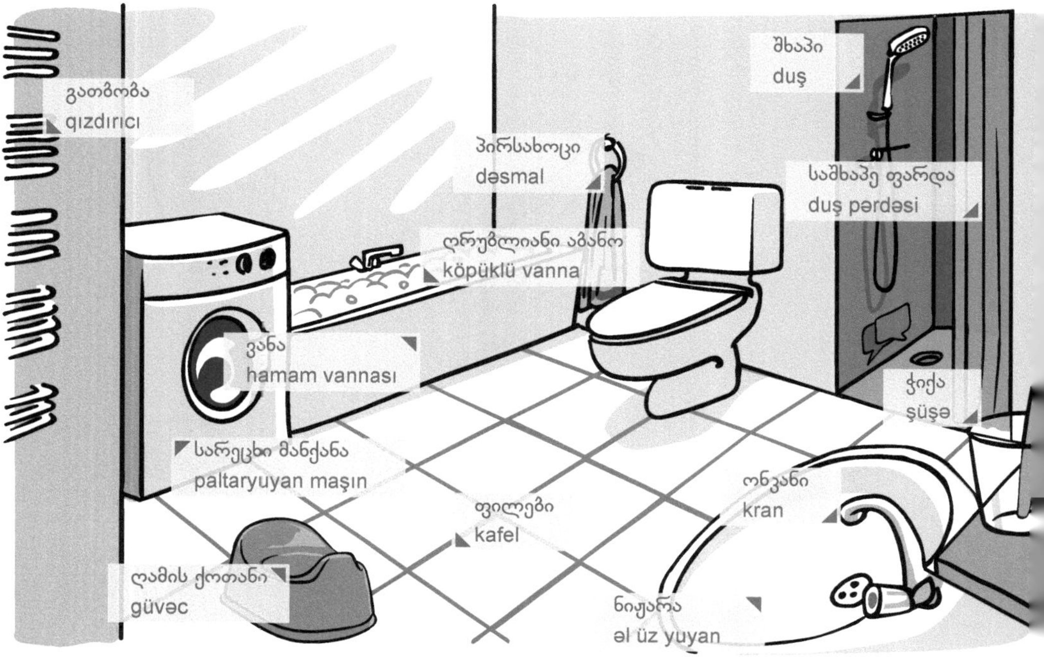

ტუალეტი

tualet

იატაკის ტუალეტი

çömbəlmə tualet

ბიდე

bide

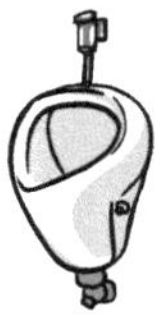

კედლის პისუარი

urinal

ტუალეტის ქაღალდი

tualet kağızı

ტუალეტის ჯაგრისი

tualet fırçası

კბილის ჯაგრისი

diş fırçası

კბილის პასტა

diş pastası

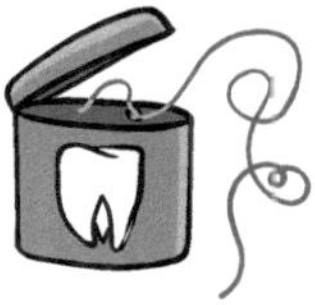

კბილის ძაფი

diş ipi

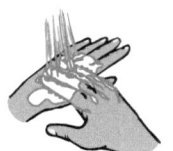

რეცხვა

yumaq

ხელის შხაპი

əl duşu

ინტიმური შხაპი

intim duş

ტაშტი

taz

ზურგის სახეხი ფუნჯი

bel fırçası

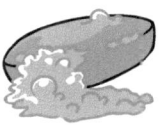

საპონი

sabun

შხაპის გელი

duş üçün gel

შამპუნი

şampun

ნეჭა

əsgi

სანიაღვრე

drenaj

კრემი

krem

დეოდორანტი

dezodorant

სარკე

güzgü

ხელის სარკე

əl güzgüsü

გრიტვა

ülgüc

საპარსი ქაფი

üz qırxmaq üçün köpük

საშუალება გაპარსვის შემდეგ

təraşdan sonra su

სავარცხელი

daraq

ჯაგრისი

fırça

თმის საშრობი

fen

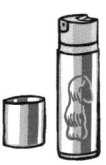

თმის ლაქი

saç spreyi

კოსმეტიკა

makiyaj

ტუჩების პომადა

dodaq boyası

ფრჩხილის ლაქი

dırnaq lakı

ბამბა

pambıq

ფრჩხილის მაკრატელი

dırnaq qayçısı

სუნამო

ətir

40 აბაზანა - hamam otağı

კოსმეტიკის ჩანთა

gigiyenik torba

ტაბურეტი

kətil

სასწორი

tərəzi

სააბაზანო ხალათი

hamam xalatı

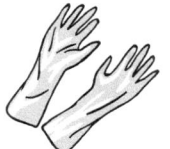

რეზინის ხელთათმანები

rezin əlcək

ტამპონი

tampon

ანიტარული პირსახოცი

gigiyenik salfet

ბიო-ტუალეტი

kimyəvi tualet

საბავშვო ოთახი

uşaq otaqı

მაღვიძარა
zəngli saat
რბილი სათამაშო
yumşaq oyuncaq
სათამაშო მანქანა
oyuncaq avtomobil
ჩხარუნა სათამაშო
cingilti
თოჯინების სახლი
kukla evciyi
საჩუქარი
hədiyyə

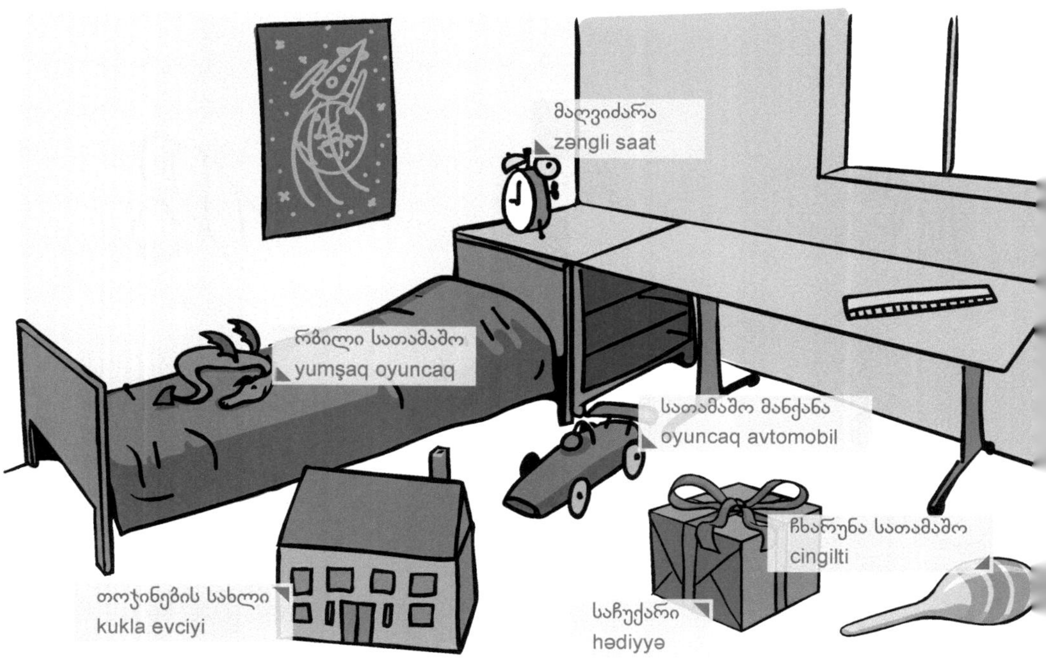

ბუშტი

balon

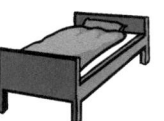

ლოგინი

yataq

საბავშვო ეტლი

uşaq arabası

კარტის თამაში

kart dəsti

პაზლი

elektrik mişarı

კომიკსი

komik

ლეგოს აგურები

leqo kərpici

ასაშენებელი კუბიკები

konstruktor blokları

სათამაშო ფიგურა

oyuncaq-personaj

საცოცავი

yeni doğulmuş körpələr üçün geyimi

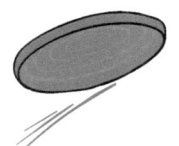

ფრისბი

frisbi

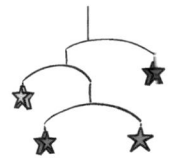

მობილე

yataq üstünə asılan körpə oyuncağı

სამაგიდო თამაში

masaüstü oyun

კამათელი

zər

რკინიგზის მოდელი

oyuncaq qatar

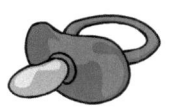

საწოვარა

emzik

წვეულება

qonaqlıq

წიგნი ნახატებით

rəsmli kitab

ბურთი

top

თოჯინა

kukla

თამაში

oynamaq

საქვიშარი

qum qutusu

საქანელა

yelləncək

სათამაშოები

oyuncaqlar

ვიდეო თამაშის კონსოლი

video oyun konsolu

სამთვლიანი ველოსიპედი

üç təkərli velosiped

დათუნია

plüşdən hazırlanmış
oyuncaq ayı

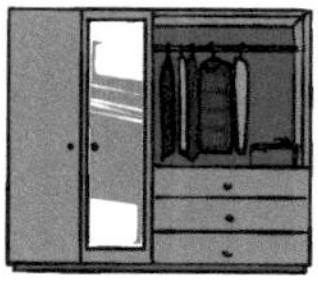

გარდერობი

şkaf

ტანსაცმელი

geyim

წინდები

corab

ჩულქები

corab

კოლგოტები

kalqotka

შარფი
kaşne

ქამარი
kəmər

ქოლგა
çətir

მკლავებიანი მაისური
t-shirt

ბოტასები
idman ayaqqabısı

ფეხსაცმელი
çəkmə

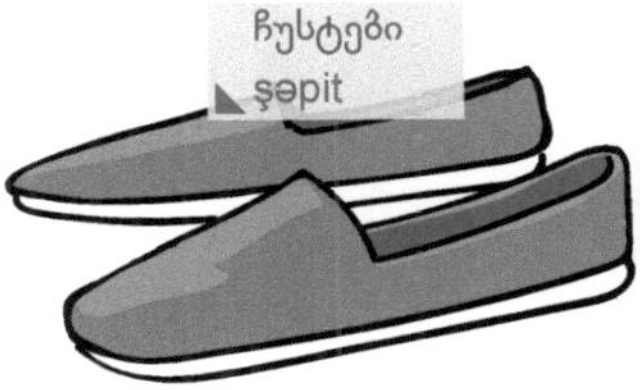

ჩუსტები
şəpit

სანდლები
sandallar

ფეხსაცმელი
ayaqqabı

რეზინის ჩექმები
rezin çəkmələr

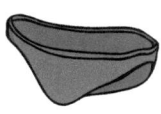

ტრუსები
dizlik

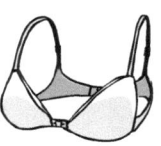

ბიუსჰალტერი
lifçik

მაისური
alt köynəyi

სხეული

alt paltarı

შარვალი

şalvar

ჯინსი

cins

ქვედაკაბა

yubka

ბლუზი

bluza

პერანგი

köynək

სვიტრი

sviter

კაპიუშონიანი ჟაკეტი

başlıqlı idman gödəkçəsi

სპორტული ქურთუკი

gödəkçə

ჟაკეტი

gödəkcə

პალტო

pencək

საწვიმარი

plaş

კოსტუმი

kostyum

კაბა

paltar

საქორწილო კაბა

gəlin paltarı

კაცის კოსტიუმი
kostyum

ღამის პერანგი
gecə köynəyi

პიჟამოები
pijama

სარი
sari

თავშალი
hicab / eşarp

ტურბანი
çalma

ჩადრი
burka

ხიფთანი
kaftan

აბაია
abaya

საცურაო კოსტუმი
çimərlik geyimi

ჩემოდნები
tumuş

შორტები
şort

სპორტული კოსტიუმი
məşq kostyumu

წინსაფარი
önlük

ხელთათმანები
əlcək

ღილი
....
düymə

სათვალეები
....
eynək

სამაჯური
....
bilərzik

ყელსაბამი
....
boyunbağı

ბეჭედი
....
üzük

საყურე
....
sırğa

კეპი
....
papaq

საკიდი
....
asılqan

ქუდი
....
papaq

ჰალსტუხი
....
qalstuk

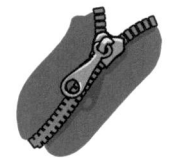

ელვა-შესაკრავის შეკვრა
....
zəncirbənd

ჩაფხუტი
....
dəbilqə

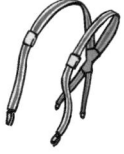

აჭიმი
....
aşırma

სკოლის ფორმა
....
məktəb uniforması

ფორმა
....
uniforma

ბავშვის წინსაფარი

döşlük

საწოვარა

emzik

პამპერსი

körpə bezi

ოფისი
ofis

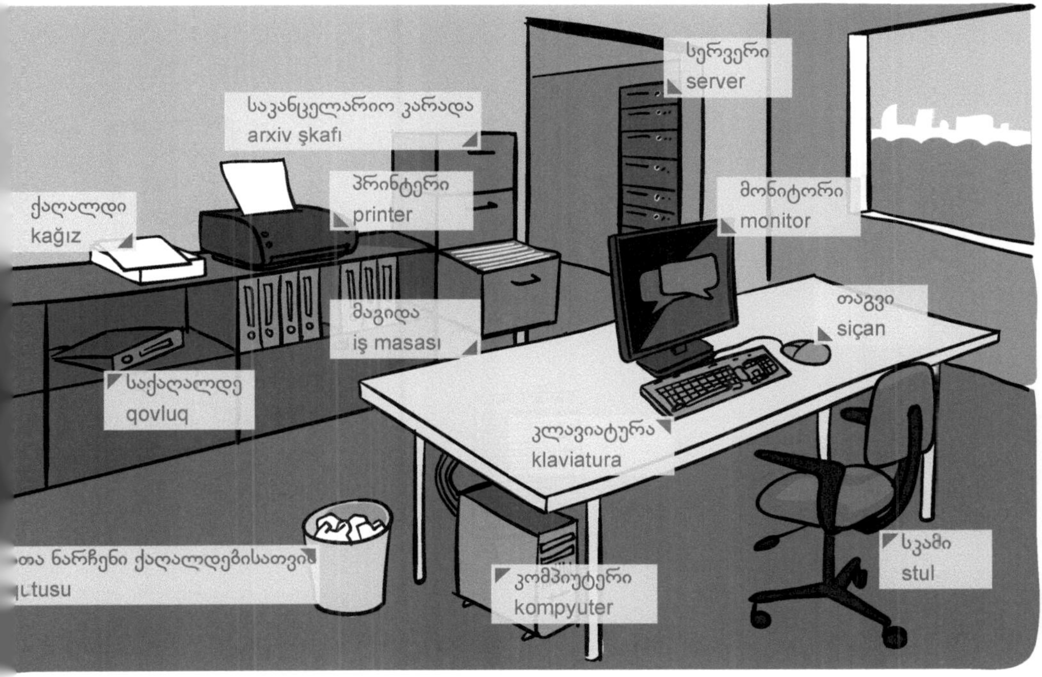

სერვერი
server

საკანცელარიო კარადა
arxiv şkafı

პრინტერი
printer

მონიტორი
monitor

ქაღალდი
kağız

მაგიდა
iş masası

თაგვი
siçan

საქაღალდე
qovluq

კლავიატურა
klaviatura

...თა ნარჩენი ქაღალდებისათვის
...tusu

კომპიუტერი
kompyuter

სკამი
stul

ყავის ფინჯანი

qəhvə fincanı

კალკულატორი

kalkulyator

ინტერნეტი

internet

ლეპტოპი

laptop

წერილი

məktub

მესიჯი

mesaj

მობილური ტელეფონი

mobil telefon

ქსელი

şəbəkə

სკანერი

surətçıxaran maşın

პროგრამული
უზრუნველყოფა
proqram təminatı

ტელეფონი

telefon

როზეტი

ştepsel

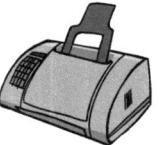

ფაქსის მანქანა

faks

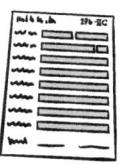

ფორმულარი

forma

დოკუმენტი

sənəd

ყიდვა

satın almaq

გადახდა

ödəmək

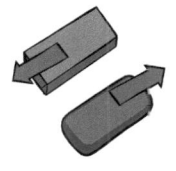

ვაჭრობა

alverlə məşğul olmaq

ფული

pul

დოლარი

dollar

ევრო

avro

იენი

yen

რუბლი

rubl

შვეიცარული ფრანკი

frank

ჟენმინბი იუანი

renminbi yuan

რუპი

rupi

ბანკომატი

bankomat

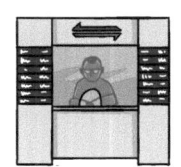

ვალუტის გადაცვლის
პუნქტი
valyuta mübadiləsi
məntəqəsi

ოქრო
qızıl

ვერცხლი
gümüş

ნავთობი
neft

ენერგია
enerji

ფასი
qiymət

ხელშეკრულება
müqavilə

გადასახადი
vergi

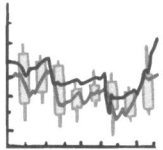

აქცია
səhm

მუშაობა
işləmək

თანამშრომელი
işçi

დამსაქმებელი
işəgötürən

ქარხანა
fabrik

მაღაზია
dükan

პროფესიები

peşə

მეხანძრე
yanğınsöndürən
პოლიციის ოფიცერი
polis əməkdaşı
მზარეული
aşbaz
ექიმი
həkim
მფრინავი
pilot

მებაღე
....
bağban

დურგალი
....
dülgər

თეთრეულის მკერავი ქალბატონი
dərzi

მოსამართლე
....
hakim

ქიმიკოსი
....
kimyaçı

მსახიობი
....
aktyor

ავტობუსის მძღოლი

avtobus sürücüsü

ტაქსის მძღოლი

taksi sürücüsü

მეთევზე

balıqçı

დამლაგებელი ქალბატონი

xadimə

სახურავის ოსტატი

dam işçisi

მიმტანი

ofisiant

მონადირე

ovçu

ფერმწერი

rəssam

მცხობელი

çörəkçi

ელექტრიკოსი

elektrik ustası

მშენებელი

inşaat işçisi

ინჟინერი

mühəndis

ყასაბი

qəssab

სანტექნიკოსი

santexnik

ფოსტალიონი

poçtalyon

ჯარისკაცი
əsgər

არქიტექტორი
memar

მოლარე
kassir

ფლორისტი
gül-çiçək satıcısı

პარიკმახერი
bərbər

კონდუქტორი
konduktor

მექანიკოსი
mexanik

კაპიტანი
kapitan

სტომატოლოგი
diş həkimi

მეცნიერი
alim

რაბინი
ravvin

იმამი
imam

ბერი
rahib

სასულიერო პირი
keşiş

იარაღები
alətlər

ჩაქუჩი
çəkic
გრტყელტუჩა
kəlbətin
სახრახნისი
vintaçan
ქანჩის გასაღები
qayka açarı
ჯიბის სანათი
fənər

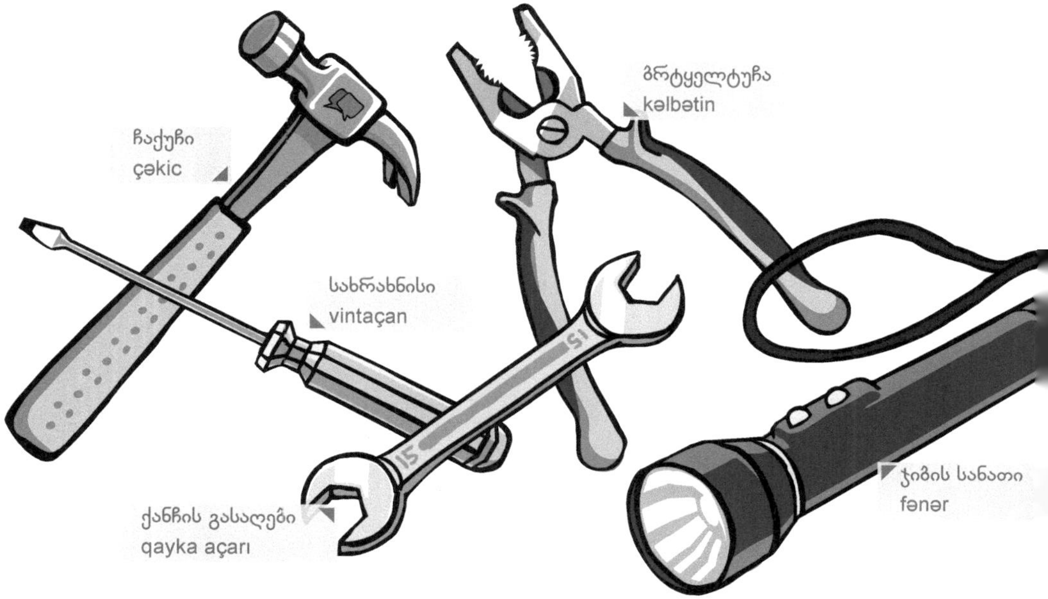

ექსკავატორი
ekskavator

იარაღების ყუთი
alətlər qutusu

კიბე
nərdivan

ხერხი
mişar

ლურსმები
dırnaqlar

საბურღი
drel

შეკეთება

tәmir etmәk

ნიჩაბი

kürәk

ანდაბა!

Lәnәt olsun!

აქანდაზი

xәkәndaz

საღებავის ქოთანი

boya vedrәsi

ხრახნები

vintlәr

მუსიკალური ინსტრუმენტები

musiqi alәtlәri

დასარტყამი ინსტრუმენტების კრებული
რეპროდუქტორ
ი
dinamik
გიტარა
gitara
კონტრაბასი
kontrabas
საყვირი
trompet

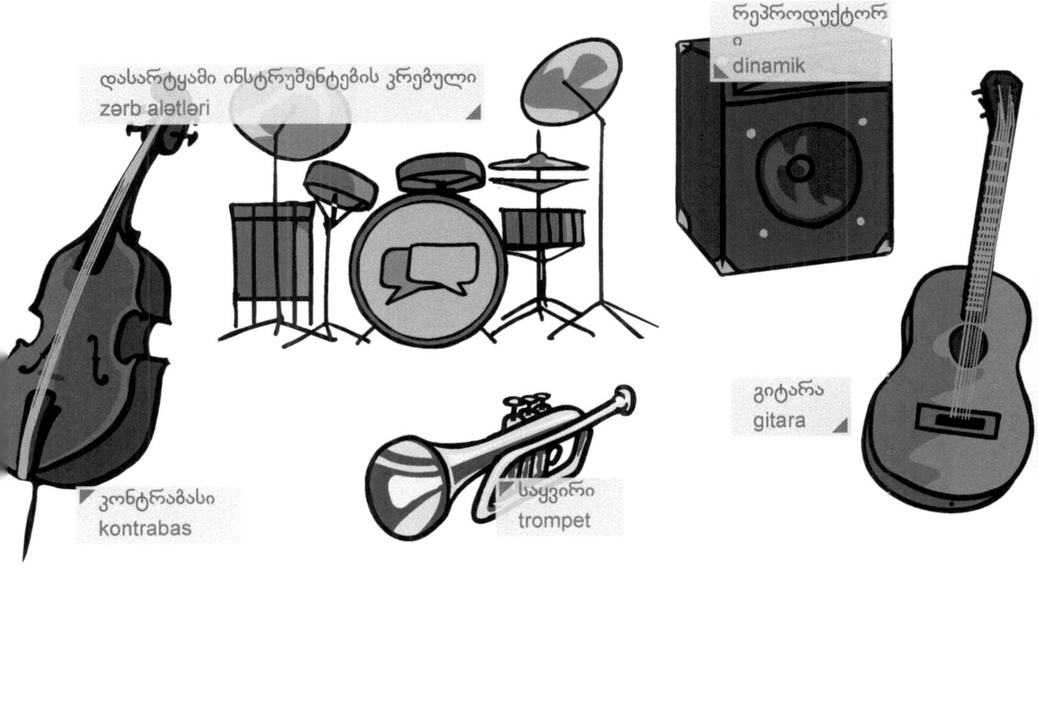

ფორტეპიანო
fortepiano

ვიოლინო
skripka

ბასი
bas

ტიმპანონი
timpani

დასარტყამები
nağara

კლავიშები
sintezator

საქსოფონი
saksafon

ფლეიტა
fleyta

მიკროფონი
mikrofon

ზოოპარკი
zoopark

შესასვლელი
giriş
ვეფხვი
pələng
გალია
qəfəs
ზებრა
zebr
ცხოველთა საკვები
heyvan yeməyi
პანდა
panda

ცხოველები
heyvanlar

სპილო
fil

კენგურუ
kenquru

მარტორქა
kərgədan

გორილა
qorilla

დათვი
ayı

აქლემი

dəvə

სირაქლემა

dəvəquşu

ლომი

aslan

მაიმუნი

meymun

ფლამინგო

flamingo

თუთიყუში

tutuquşu

პოლარული დათვი

qütb ayısı

პინგვინი

pinqvin

ზვიგენი

köpəkbalığı

ფარშევანგი

tovuz

გველი

ilan

ნიანგი

timsah

ზოოპარკის მფლობელი

zoopark işçisi

სელაპი

suiti

იაგუარი

yaquar

პონი

poni

ლეოპარდი

bəbir

ბეჰემოტი

hippopotam

ჟირაფი

zürafə

არწივი

qartal

ტახი

qaban

თევზი

balıq

კუ

tısbağa

მორჟი

morj

მელა

tülkü

გაზელი

ceyran

სპორტი

idman

ამერიკული ფეხბურთი
amerikan futbolu
ველოსპორტი
velosiped sürmək
ჩოგბურთი
tennis
კალათბურთი
basketbol
ცურვა
üzgüçülük
კრივი
boks
ყინულის ჰოკეი
buz xokkeyi

ფეხბურთი

futbol

ბადმინტონი

badminton

მძლეოსნობა

yüngül atletika

ხელბურთი

həndbol

სათხილამურო სპორტი

xizək

წყლის პოლო

polo

მოქმედებები

fəaliyyət

გადახტომა
tu lanmaq
ჩახუტება
qucaqlaşmaq
დაცინვა
gülmək
სეირნობა
getmək
სიმღერა
oxumaq
ოცნებობა
yuxu qörmək
ლოცვა
dua etmək
კოცნა
öpüşmək

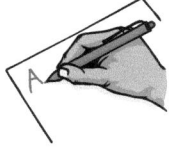

წერა

yazmaq

დახატვა

çəkmək

ჩვენება

göstərmək

დაჭერა

itələmək

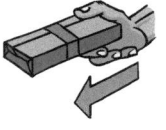

მიცემა

vermək

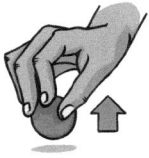

აღება

götürmək

ქონა

sahibi olmaq

კეთება

etmək

ყოფნა

olmaq

დგომა

durmaq

გარბენა

qaçmaq

მოქაჩვა

çəkmək

გადაყრა

atmaq

დაცემა

düşmək

ტყუილის თქმა

uzanmaq

მოცდენა

gözləmək

ტარება

daşımaq

ჯდომა

oturmaq

ჩაცმა

geyinmək

ძილი

yatmaq

გაღვიძება

ayılmaq

დათვალიერება
baxmaq

ტირილი
ağlamaq

გაუთოება
sığallamaq

დავარცხნა
daramaq

ლაპარაკი
danışmaq

გაგება
anlamaq

შეკითხვა
soruşmaq

მოსმენა
dinləmək

დალევა
içmək

ჭამა
yemək

დალაგება
təmizləmək

ყვარება
sevmək

კერძების მზადება
bişirmək

სვლა
sürmək

ფრენა
uçmaq

აფრის ქვეშ სიარული

üzmək

გამოთვლა

hesablamaq

წაკითხვა

oxumaq

შესწავლა

öyrənmək

მუშაობა

işləmək

ქორწინება

evlənmək

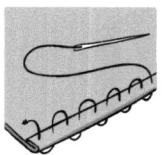

კერვა

tikmək

კბილების ხეხვა

dişləri təmizləmək

მოკვლა

öldürmək

მოწევა

siqaret çəkmək

გაგზავნა

göndərmək

ბებია
nənə

ბაბუა
baba

მამა
ata

დედა
ana

ბავშვი
körpə

ქალიშვილი
qız

ვაჟიშვილი
oğul

სტუმარი
·················
qonaq

დეიდა
·················
xala/bibi

ბიძა
·················
əmi/dayı

ძმა
·················
qardaş

და
·················
bacı

სხეული
bədən

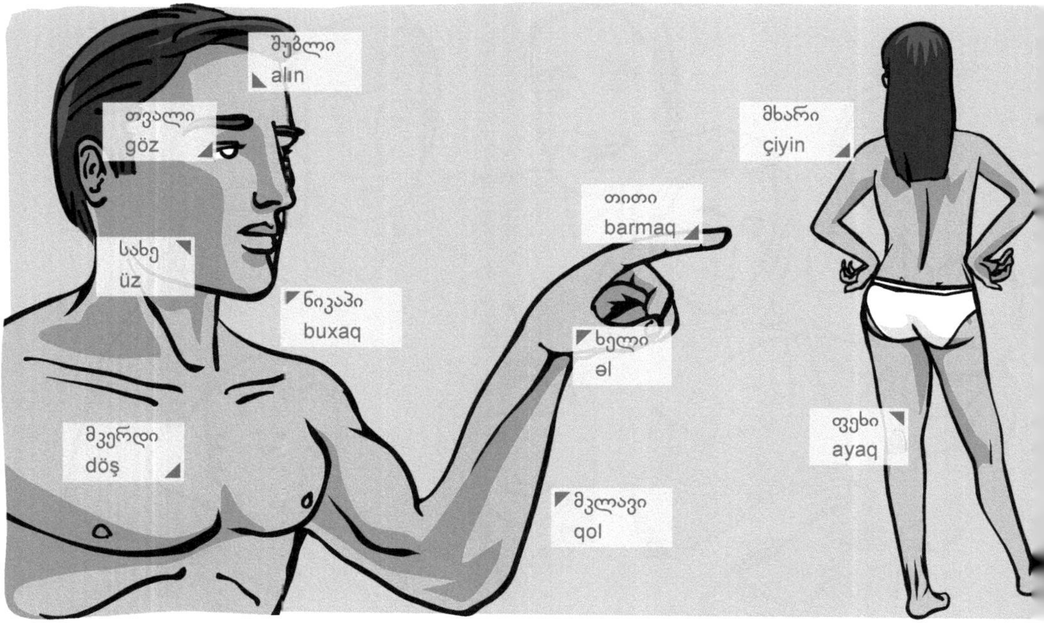

შუბლი
alın
თვალი
göz
მხარი
çiyin
თითი
barmaq
სახე
üz
ნიკაპი
buxaq
ხელი
əl
ფეხი
ayaq
მკერდი
döş
მკლავი
qol

გავშვი
körpə

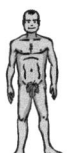

კაცი
kişi

ქალი
qadın

გოგო
qız

ბიჭი
oğlan

თავი
baş

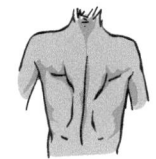

ზურგი

bel

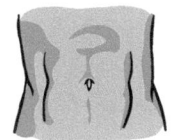

მუცელი

qarın

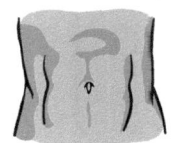

ჭიპი

göbək

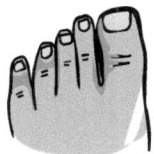

ფეხის თითი

ayaq barmağı

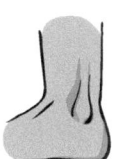

ქუსლი

daban

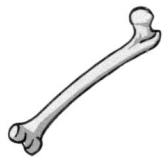

ძვალი

sümük

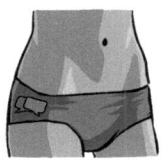

ბარძაყი

bud

მუხლი

diz

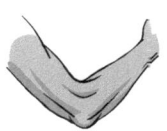

იდაყვი

dirsək

ცხვირი

burun

დუნდულა

sağrı

კანი

dəri

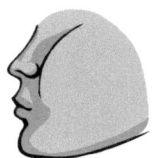

ლოყა

yanaq

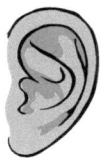

ყური

qulaq

ტუჩი

dodaq

პირი

ağız

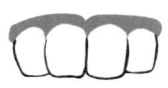

კბილი

diş

ენა

dil

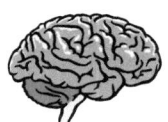

ტვინი

beyin

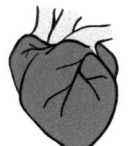

გული

ürək

კუნთი

əzələ

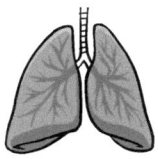

ფილტვი

ağciyər

ღვიძლი

qaraciyər

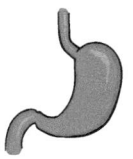

კუჭი

mədə

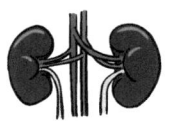

თირკმელები

böyrəklər

სექსი

cinsi yaxınlıq

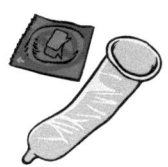

პრეზერვატივი

kondom

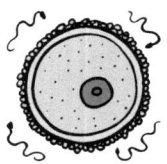

კვერცხუჯრედი

qadın cinsi hüceyrə

სპერმა

sperma

ორსულობა

hamiləlik

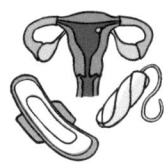

მენსტრუაცია

aybaşı

საშო

vagina

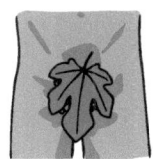

პენისი

penis

წარბი

qaş

თმა

saç

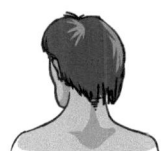

კისერი

boyun

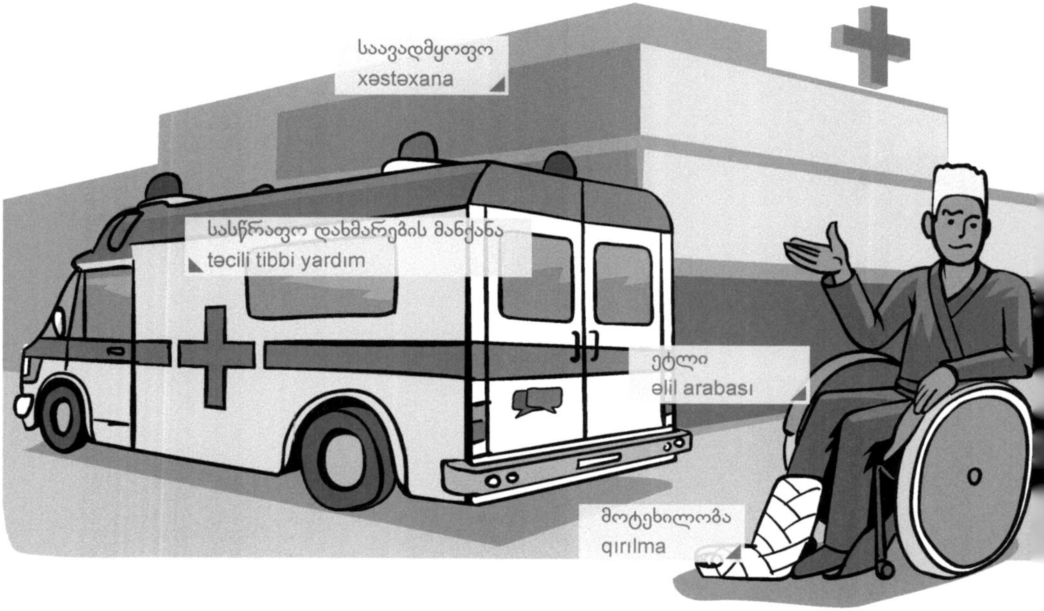

საავადმყოფო

xəstəxana

სასწრაფო დახმარების მანქანა
təcili tibbi yardım
ეტლი
əlil arabası
მოტეხილობა
qırılma

ექიმი

hәkim

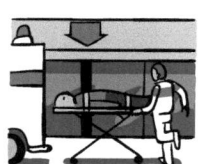

პირველი დახმარების ოთახი

reanimasiya şöbəsi

მედდა

tibb bacısı

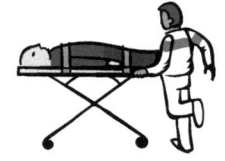

გადაუდებელი შემთხვევა

fövqəladə hallar

უგონოდ მყოფი

huşunu itirmiş

ტკივილი

ağrı

დაზიანება

zədə

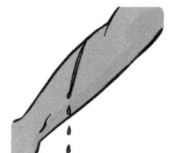

სისხლდენა

qanaxma

გულის შეტევა

infarkt

ინსულტი

insult

ალერგია

allergiya

ხველა

öskürək

ცხელება

qızdırma

გრიპი

qrip

დიარეა

ishal

თავის ტკივილი

başağrısı

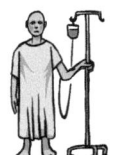

კიბო

xərçəng

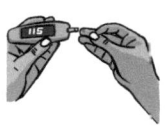

დიაბეტი

şəkərli diabet

ქირურგი

cərrah

სკალპელი

neştər

ოპერაცია

əməliyyat

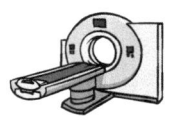

კტ

CT

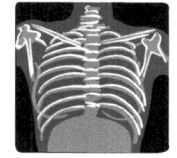

რენტგენი

rentgen

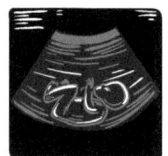

ულტრაბგერა

ultrasəs

ნიღაბი

maska

დაავადება

xəstəlik

მოსაცდელი ოთახი

gözləmə otağı

ყავარჯენი

qoltuqağacı

თაბაშირი

plaster

ბინტი

sarğı

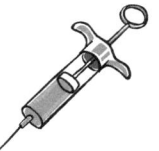

ინექცია

inyeksiya

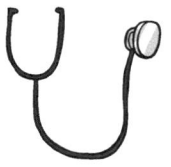

სტეტოსკოპი

steteskop

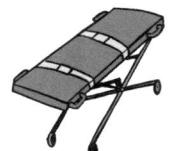

საკაცე

xərək

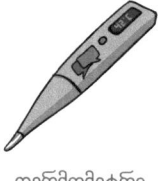

თერმომეტრი

hərarətölçən

დაბადება

doğum

ჭარბი წონა

çəki artıqlığı

სმენის აპარატი

eşitmə aparatı

სადეზინფექციო საშუალება

dezinfeksiyaedici

ინფექცია

infeksiya

ვირუსი

virus

აივ / შიდსი

QİÇS

წამალი

tibb

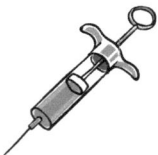

ვაქცინაცია

peyvənd

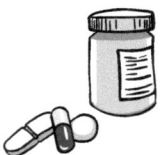

ტაბლეტები

həblər

აბი

həb

დაუდებელი გამოძახება

təcili zəng

წნევის საზომი აპარატი

qan təzyiqini ölçmək üçün cihaz

ავადმყოფი / ჯანმრთელი

xəstə / sağlam

გადაუდებელი შემთხვევა
fövqəladə hallar

დამეხმარეთ!

Kömək edin!

განგაში

həyəcan siqnalı

თავდასხმა

basqın

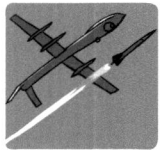

შეტევა

hücum

საფრთხე

təhlükə

სათადარიგო გასასვლელი

ehtiyat çıxışı

ხანძარი!

Yanğın!

ცეცხლსაქრობი

odsöndürən

უბედური შემთხვევა

qəza

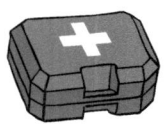

პირველადი დახმარების აფთიაქი

ilkin yardım qutus

SOS

SOS

პოლიცია

polis

ევროპა

Avropa

ჩრდილოეთ ამერიკა

Şimali Amerika

სამხრეთ ამერიკა

Cənubi Amerika

აფრიკა

Afrika

აზია

Asiya

ავსტრალია

Avstraliya

ატლანტიკა

Atlantik

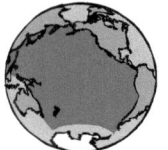

წყნარი ოკეანე

Sakit Okean

ინდოეთის ოკეანე

Hind okeanı

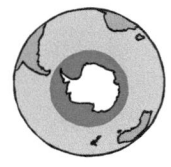

ანტარქტიკის ოკეანე

Antarktika Okeanı

ჩრდილოეთის ყინულოვანი ოკეანე

Şimal Buzlu okeanı

ჩრდილოეთ პოლუსი

Şimal qütbü

სამხრეთ პოლუსი

Cənub qütbü

ანტარქტიდა

Antarktika

დედამიწა

Yer kürəsi

ხმელეთი

ölkə

ზღვა

dəniz

კუნძული

ada

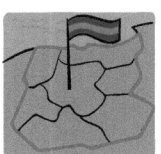

ერი

millət

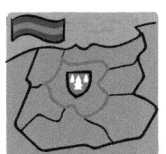

სახელმწიფო

dövlət

ციფერბლატი

siferblat

საათების ისარი

saat əqrəbi

წუთების ისარი

dəqiqə əqrəbi

წამების ისარი

saniyə əqrəbi

რომელი საათია?

Saat neçədir?

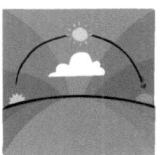

დღე

gün

დრო

vaxt

ახლა

indi

ციფრული საათი

rəqəmsal saat

წუთი

dəqiqə

საათი

saat

კვირა
həftə

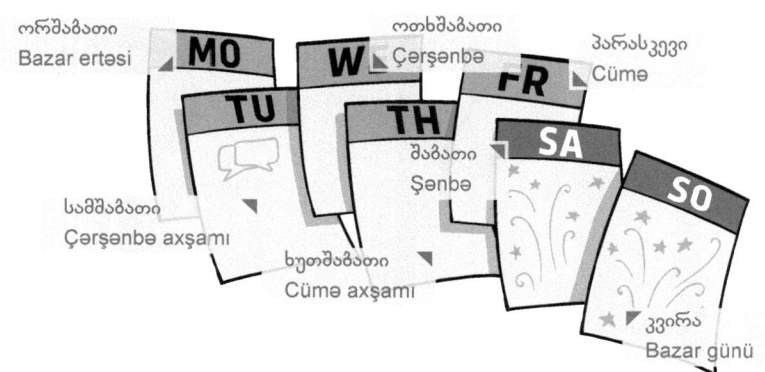

ორშაბათი
Bazar ertəsi

ოთხშაბათი
Çərşənbə

პარასკევი
Cümə

სამშაბათი
Çərşənbə axşamı

ხუთშაბათი
Cümə axşamı

შაბათი
Şənbə

კვირა
Bazar günü

გუშინ
dünən

დღეს
bugün

ხვალ
sabah

დილა
səhər

შუადღე
günorta

საღამო
axşam

სამუშაო დღეები
iş günü

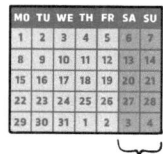

შაბათი-კვირა
həftə sonu

წვიმა
yağış
ცისარტყელა
göy qurşağı
თოვლი
qar
ქარი
külək
გაზაფხული
yaz
შემოდგომა
payız
ზაფხული
yay
ზამთარი
qış

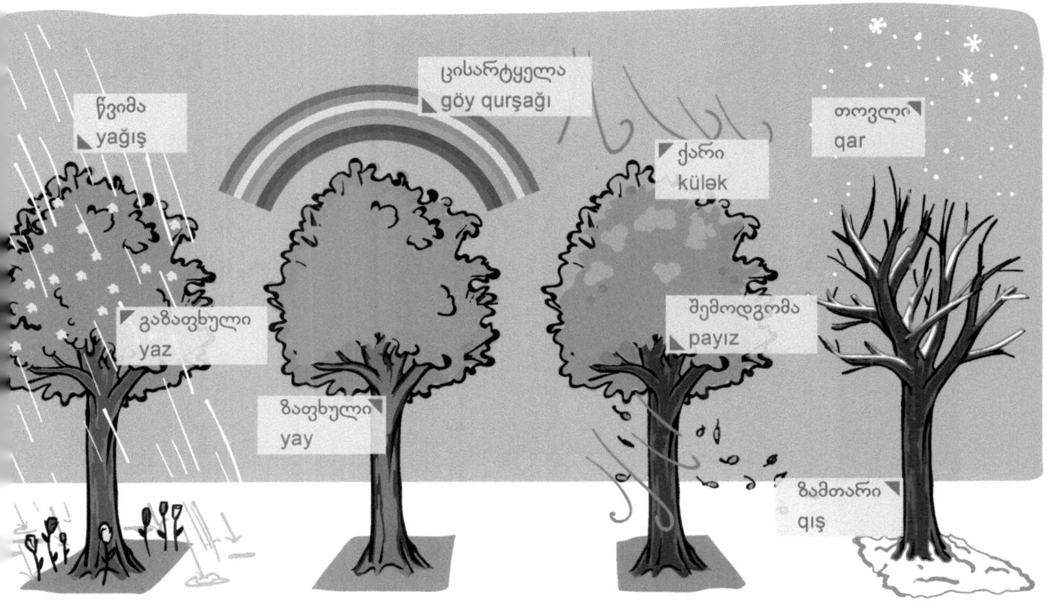

ამინდის პროგნოზი

hava proqnozu

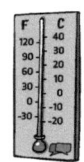

თერმომეტრი

termometr

მზის სხივი

günəş işığı

ღრუბელი

bulud

ნისლი

duman

ტენიანობა

rütubət

ელვა

ildırım

ქუხილი

göy gurultusu

შტორმი

fırtına

სეტყვა

dolu

მუსონი

musson

წყალდიდობა

daşqın

ყინული

buz

იანვარი

yanvar

თებერვალი

fevral

მარტი

mart

აპრილი

aprel

მაისი

may

ივნისი

iyun

ივლისი

iyul

აგვისტო

avqust

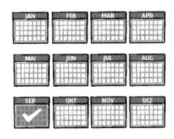

სექტემბერი

sentyabr

ოქტომბერი

oktyabr

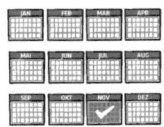

ნოემბერი

noyabr

დეკემბერი

dekabr

ფორმები
formalar

წრე

dairə

კვადრატი

kvadrat

მართკუთხედი

düzbucaqlı

სამკუთხედი

üçbucaq

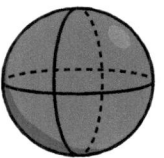

სფერო

kürə

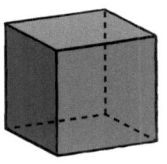

კუბი

kub

ფერები
rənglər

თეთრი

ağ

ყვითელი

sarı

ნარინჯისფერი

narıncı

ვარდისფერი

çəhrayı

წითელი

qırmızı

იისფერი

bənövşəyi

ცისფერი

mavi

მწვანე

yaşıl

ყავისფერი

palıdı

ნაცრისფერი

boz

შავი

qara

საპირისპიროები
əksinə

ბევრი / ცოტა

çox / az

გაბრაზებული / მშვიდი

qeyzli / sakit

ლამაზი / მახინჯი

yaraşıqlı / eybəcər

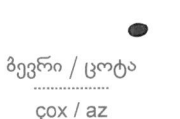

დასაწყისი / დასასრული

başlanğıc / son

დიდი / პატარა

böyük / kiçik

ნათელი / მუქი

işıqlı / qaranlıq

ძმა / და

qardaş / bacı

სუფთა / ჭუჭყიანი

təmiz / kirli

სრული / არასრული

tam / natamam

დღე / ღამე

gündüz / gecə

მკვდარი / ცოცხალი

ölü / diri

განიერი / ვიწრო

geniş / dar

საჭმელად ვარგისი / საჭმელად უვარგისი

yemeli / yeyilməyən

ბოროტი / კეთილი

hirsli / mehriban

შთამბეჭდავი / მოსაწყენი

həyəcanlı / bezmiş

სქელი / თხელი

kök / arıq

პირველი / ბოლო

ilk / son

მეგობარი / მტერი

dost / düşmən

სრული / ცარიელი

dolu / boş

მყარი / რბილი

sərt / yumşaq

მძიმე / მსუბუქი

ağır / yüngül

მოშიებული / მწყურვალე

aclıq / susuzluq

ავადმყოფი / ჯანმრთელი

xəstə / sağlam

არალეგალური / ლეგალური

qanunsuz / qanuni

ინტელექტუალი / სულელი

ağıllı / axmaq

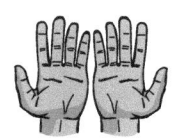

მარცხენა / მარჯვენა

sol / sağ

ახლოს / შორს

yaxın / uzaq

ახალი / გამოყენებული

yeni / istifadə edilmiş

არაფერი / რაღაცა

heç bir şey / bir şey

მოხუცი / ახალგაზრდა

qoca / gənc

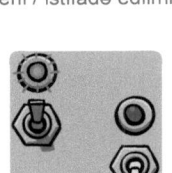

ჩართვა / გამორთვა

açma / bağlama

ღია / დახურული

açıq / bağlı

ჩუმი / ხმამაღალი

sakit/ bərk

მდიდარი / ღარიბი

varlı / kasıb

მართალი / მტყვანი

düzgün / səhv

უხეში / გლუვი

kobud / hama

სევდიანი / ბედნიერი

kədərli / xoşbəxt

მოკლე / გრძელი

qısa / uzun

ნელი / სწრაფი

yavaş / sürətli

სველი / მშრალი

yaş / quru

თბილი / გრილი

isti / sərin

ომი / მშვიდობა

müharibə / sülh

რიცხვები
ədədlər

0 ნული sıfır	1 ერთი bir	2 ორი iki
3 სამი üç	4 ოთხი dörd	5 ხუთი beş
6 ექვსი altı	7 შვიდი yeddi	8 რვა səkkiz
9 ცხრა doqquz	10 ათი on	11 თერთმეტი on bir

12

თორმეტი

on iki

13

ცამეტი

on üç

14

თოთხმეტი

on dörd

15

თხუთმეტი

on beş

16

თექვსმეტი

on altı

17

ჩვიდმეტი

on yeddi

18

თვრამეტი

on səkkiz

19

ცხრამეტი

on doqquz

20

ოცი

iyirmi

100

ასი

yüz

1.000

ათასი

min

1.000.000

მილიონი

milyon

ენები
dillər

ინგლისური

İngilis dili

ამერიკული ინგლისური

İngilis dilinin amerikan variantı

ჩინური მანდარინი

Çin dilinin Mandarin dialekti

ჰინდი

Hind dili

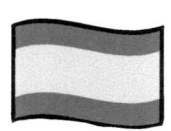

ესპანური

İspan dili

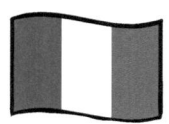

ფრანგული

Fransız dili

არაბული

Ərəb dili

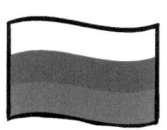

რუსული

Rus dili

პორტუგალიური

Portuqal dili

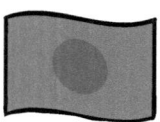

ბენგალური

Benqal dili

გერმანული

Alman dili

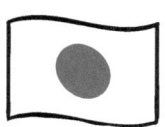

იაპონური

Yapon dili

ვინ / რა / როგორ
kim / nə / necə

მე

mən

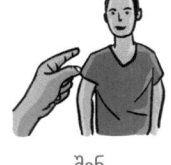

შენ

sən

ის / ის / იგი

o / o / o

ჩვენ

biz

თქვენ

siz

ისინი

onlar

ვინ?

kim?

რა?

nə?

როგორ?

necə?

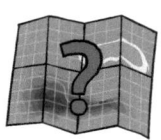

სად?

harada?

როდის?

nə zaman?

სახელი

ad

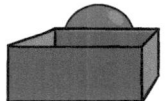

სად

harada

უკან

arxadan

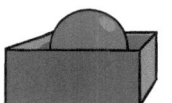

შიგნით

içində

წინ

qarşısında

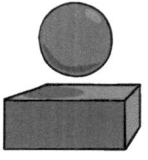

ზედ

üzərində

=-ზე

dair

ქვეშ

altında

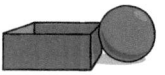

გვერდით

yanaşı

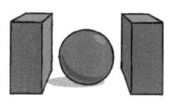

შორის

arasında

ადგილი

yer